# Inhalt

## Desktop-Purchasing (Einkauf über elektronische Kataloge)

Kernthesen

Beitrag

Fallbeispiele

Weiterführende Literatur

Impressum

# Desktop-Purchasing (Einkauf über elektronische Kataloge)

*I. Zeilhofer-Ficker*

## Kernthesen

- Durch den Einsatz von Desktop-Purchasing-Systemen mit elektronischen Katalogen können Bestelldurchlaufzeiten bis auf 24 Stunden reduziert und Prozesskostenersparnisse von bis zu 80% erzielt werden.
- Erst zehn Prozent des Beschaffungsvolumens werden in Deutschland über elektronische Kataloge abgewickelt.
- In mittelständischen Unternehmen sind elektronische Bestellsysteme erst sehr

spärlich im Einsatz.
- Durch Mietsoftwaremodelle erwartet man für E-Procurement-Lösungen eine gesteigerte Nachfrage vor allem von KMUs.
- Ein hoher Prozentsatz von Einkäufern denkt über das gesamte Business Process Outsourcing der C-Teile-Beschaffung nach.

# Beitrag

# Elektronische Bestellabwicklung - keine Selbstverständlichkeit

Noch vor 20 Jahren dauerte es von der Anforderung beispielsweise eines Tischrechners bis zur tatsächlichen Anlieferung am entsprechenden Schreibtisch oft genug mehrere Wochen. Die Anforderung musste genehmigt werden, landete irgendwann im Einkauf, der Lieferant wurde herausgesucht, die Bestellung auf der Schreibmaschine getippt und per Post verschickt. Nach mindestens ein bis zwei Wochen erreichte die Bestellung den Lieferanten, wo ein ähnlich langwieriger händischer Prozess in Gang gesetzt wurde, der zur schlussendlichen Lieferung des Rechners nach drei bis vier Wochen führte. (1)

Heute im Zeitalter von "Just-in-Time" und "Real-Time-Processing" ist es undenkbar, dass man auf einen solchen Gebrauchsartikel länger als zwei Tage wartet. Die elektronische Bestellabwicklung ermöglicht nicht nur eine immense Verkürzung der Durchlaufzeiten sondern auch die Reduzierung von Prozess- und Einkaufskosten. (2)

Seit den 90er Jahren des vergangenen Jahrhunderts etablierte sich das EDI (Electronic Data Interchange) als elektronisches Kommunikationsmittel zwischen Geschäftspartnern. Da diese Form des Datenaustauschs aber nur über sehr aufwendige Punkt-zu-Punkt-Verbindungen funktioniert, nutzte man es vor allem für die wichtigsten A- und B-Teile-Lieferanten, indirekte Waren wurden nach wie vor über Bestellanforderungen und Bestellungen auf Papier abgewickelt.

Mit dem Siegeszug des Internet kam allerdings auch für die ungeliebten C- und MRO-Teile eine bessere Lösung: die Desktop-Purchasing-Systeme, also auf elektronischen Katalogen basierende Bestellsysteme. (2)

Während die Nutzung von e-Procurement-Tools in großen Unternehmen längst selbstverständlich ist, hinken viele mittelständische Unternehmen dieser

Entwicklung weit hinterher. Wie das "Stimmungsbarometer Elektronische Beschaffung" - eine Umfrage unter ca. 150 deutschen Unternehmen anlässlich der diesjährigen E-Procure - ergab, nutzen zwar 63 Prozent der Befragten elektronische Kataloge, wickeln damit aber weniger als zehn Prozent ihres Bestellvolumens ab. Von den mittelständischen Unternehmen machen nur rund 40 Prozent von elektronische Medien für den Einkauf Gebrauch. (3), (4), (5)

Dies soll sich nun ändern. 2,5 Prozent mehr Geld will der Mittelstand heuer in die E-Business-Entwicklung stecken, nächstes Jahr sollen die Investitionen gar um fünf Prozent steigen. Helfen soll auch das Projekt "Prozeus" des Bundeswirtschaftsministeriums, das sich die "Förderung der E-Business-Kompetenz von KMU zur Teilnahme an globalen Beschaffungs- und Absatzmärkte durch integrierte Prozesse und Standards" auf die Fahnen geschrieben hat. (4)

## Desktop-Purchasing (DTP)

## Wie funktioniert DTP

Der Einkauf über elektronische Kataloge funktioniert

ähnlich dem Einkauf im Supermarkt. Lieferanten stellen einen elektronischen Produktkatalog zusammen, der alle Produkte enthält, für die mit dem Lieferanten ein Rahmenvertrag abgeschlossen wurde. Über das Desktop-Purchasing-System wählt der Anforderer den benötigten Artikel aus den diversen Katalogen aus und legt ihn in den virtuellen Warenkorb. Je nach Organisationsstruktur kann nun diese Bestellung direkt online an den Lieferanten geschickt werden oder zur Freigabe an die entsprechende Genehmigungsinstanz. Mit der Freigabe wird automatisch die elektronische Bestellung ausgelöst.

In vielen Fällen erfolgt die Bestellabwicklung beim Lieferanten noch am selben Tag, sodass die bestellte Ware schon nach 24 Stunden an seinem Bestimmungsort ankommt. Leistungsstarke Desktop-Purchasing-Systeme ermöglichen zusätzlich die elektronische Rechnungsübermittlung sowie die automatische Bezahlung der Rechnung.

Grundlage für ein funktionierendes DTP-System ist die Vorhaltung aller Lieferantenkataloge mit den entsprechend ausgehandelten Preisen in einer Datenbank oder Plattform. Die diversen Produktinformationen müssen kontinuierlich aktualisiert werden. Dieses Content-Management kann sich als sehr zeitraubend und aufwendig herausstellen. Software-Lösungen, die den Lieferanten die Aktualisierung in Eigenregie erlauben, sind hier sehr hilfreich. Oder man bindet die einzelnen Kataloge über OCI (Open Catalogue Interface) in das DTP ein, eine Schnittstelle, über die auf Kataloge zugegriffen werden kann, die beim Lieferanten statt beim Kunden vorgehalten werden. (7), (8)

## Was kann durch DTP erreicht werden

Neben der Verkürzung der durchschnittlichen Prozesslaufzeiten können mit DTP signifikante Prozesskostenreduzierungen von bis zu 80 Prozent erreicht werden. Durch die automatische Bündelung von Bedarfen - es können ja nur Produkte bestellt werden, für die entsprechende Rahmenverträge existieren - werden Preisvorteile genutzt und die Anzahl der zu pflegenden Lieferanten reduziert sich um bis zu 20 Prozent. Das gefürchtete Maverick-Buying kann wirksam eingedämmt werden. (9), (14)

## Wichtige Voraussetzungen

Viele e-Procurement Projekte bringen nicht den gewünschten Erfolg, weil die Akzeptanz der Anwender fehlt. Der Anwender muss den Artikel, den er braucht im DTP-System finden, ansonsten wird er wie gewohnt zu Zettel oder Telefon greifen, um bei seinem Lieblingslieferanten einzukaufen. Das System sollte möglichst unkompliziert und selbsterklärend sein, damit möglichst viele darüber ihren Bedarf decken. (7)

Schließlich muss die Organisation des Einkaufs auf den Prüfstand. Damit die Zeitvorteile von DTP zum Tragen kommen, sollte auf aufwändige Genehmigungsstrukturen verzichtet werden. Die Implementierung von DTP geht in der Praxis oft einher mit der Dezentralisierung der Bestellverantwortung. Da die klassische Einkaufsabteilung von operativen Tätigkeiten entlastet wird, kann dort mehr Zeit den strategischen Aufgaben wie Lieferantenpflege, Preisverhandlungen und Sourcing gewidmet werden. Eine konsequente Ausrichtung der Organisation an den Beschaffungsprozessen ist wünschenswert. (10)

# Fallbeispiele

## Anwendungsbeispiele

Die Messe Nürnberg wickelt rund 80 % ihres C-Teile-Einkaufs über den Online-Marktplatz Simple System ab. Dadurch konnte die Durchlaufzeit von ca. 10 Tagen auf 24 Stunden reduziert werden und auch die Prozesskosten sanken dramatisch. (2)

Thyssen-Krupp Bilstein nutzt eine E-Procurement-Lösung auf der Basis von SAP Enterprise Buyer Professional, SAP OCI 3.0 und Poet Enterprise Catalog der Firma Triaton GmbH. Dadurch wurde die Anzahl der Lieferanten um 20 % reduziert, die Transaktionskosten sanken um 25 % und die Prozesslaufzeit wurde von 8 Tagen auf 3 Tage verkürzt.

Auch bei der SEW-Eurodrive ist die SAP-Einkaufsplattform Enterprise Buyer Professional mit OCI im Einsatz. Vor allem der Einkauf von Büchern und Zeitschriften wird darüber abgewickelt. Unter Anbindung des LSL-Bibliotheksservice wird jede Anforderung daraufhin überprüft, ob das Buch oder die Zeitschrift nicht bereits am Standort vorhanden ist. Durch jährliche Abonnement-Erneuerungen wird sichergestellt, dass die entsprechenden Kostenstellen belastet und dass nicht mehr gewünschte Abos automatisch gekündigt werden. (8)

Die Diehl-Gruppe entschied sich für die Inhouse-Lösung Impact Ordering für das C-Artikel-Management. Rund 90 % der über Kataloge erhältlichen Teile werden mittlerweile über diese Lösung abgewickelt. Die Prozesskosten reduzierten sich dadurch um bis zu 80 %. (14)

Die Moeller-Gruppe, Bonn, implementierte im vergangenen Jahr die Procurementlösung Qui-Procure von Quibiq.de. Vorausgegangen war eine Analyse der Beschaffungsprozesse sowie die Definition von schlanken Sollprozessen. In einem Pilotprojekt wurden innerhalb von vier Wochen acht Lieferanten mit zwölf Katalogen der Bereiche Werkzeuge, Elektronik, Bürobedarf und Werkstätteneinrichtung eingebunden. Da das Projekt zur vollsten Zufriedenheit läuft, soll es schon bald auf weitere Warengruppen ausgedehnt werden. (15)

Die Metabowerke bedienen sich für den Einkauf von C-Gütern der Mietsoftwarelösung von Heiler. Dabei wird die komplette Administration und der Betrieb des Katalogs vom Service Provider durchgeführt. Die Prozesskosten konnten dadurch um nahezu 60 Prozent gesenkt werden. (16)

Der diesjährige IIR-E-Procurement-Award ging an das elektronische Katalogsystem E-Shop - easy

Shopping - von Daimler-Chrysler. Aus rund 80 Katalogen mit 1,3 Millionen Produkten kann über E-Shop bestellt werden. Die Prozesskosten reduzierten sich dadurch um 60 Prozent. (17)

## Anbieter

Ein komplettes Service-Angebot für elektronische Bestellprozesse bietet die Seeburger AG. Gleich ob EDI, Katalogmanagement, Marktplatz oder Outsorcing, die Integrationsspezialisten von Seeburger können eine Lösung anbieten. (1)

Weitere Einkaufsdienstleister sind die Newtron AG, die Items GmbH, die RAG Informatik GmbH, die Siller AG, die Geac Enterprise Solutions Deutschland GmbH, Wilken Openschop, die quiBiq.de Internet-Handels-Platform GmbH sowie die CaContent GmbH. (18)

Die Heiler AG ist auf Katalogmanagementsysteme im SAP-Umfeld spezialisiert. Die Benutzeroberflächen der neuen Version der E-Business-Suite wurden kürzlich im Hinblick auf Benutzerfreundlichkeit überarbeitet. (18)

# Weiterführende Literatur

(1) Seeburger AG Wie die Bestellung elektronisch wurde
aus BA Beschaffung aktuell, Heft 3, 2004, S. 78

(2) Messe Nürnberg vereinfacht Beschaffung mit Simple System Einloggen und bestellen
aus Industrieanzeiger, Heft 27, 2004, S. 54

(3) O. V., E-Procure 2004 in Nürnberg - Elektronischen Einkauf besser nutzen, Computerwoche, 14.05.2004, Nr. 20, S. 30
aus Industrieanzeiger, Heft 27, 2004, S. 54

(4) E-Business im Mittelstand Unternehmer investieren wieder kräftig in das digitale Geschäft. Das belegt die neue Internet-Studie von IBM und impulse.
aus Impulse vom 01.05.2004, Seite 78

(5) Umfrage Unternehmen NEWS
aus BA Beschaffung aktuell, Heft 6, 2004, S. 24

(6) e_procure in Nürnberg 3.000 Besucher und 20 Prozent mehr Aussteller
aus BA Beschaffung aktuell, Heft 6, 2004, S. 23

(7) Kritische Erfolgsfaktoren bei der Umsetzung von E-Procurement-Lösungen Der Anwender steht im Mittelpunkt
aus BA Beschaffung aktuell, Heft 5, 2004, S. 32

(8) Anbindung an SAP Enterprise Buyer Professional Effizienter Einkauf von Literatur
aus BA Beschaffung aktuell, Heft 4, 2004, S. 58

(9) Zauberwort Prozessoptimierung - E-Procurement
aus LOGISTIK HEUTE, Heft 6/2004, S. 42-43

(10) Im Mittelpunkt des Einkaufs stehen die Beschaffungsprozesse Einkaufsorganisationen an Prozessen ausrichten
aus BA Beschaffung aktuell, Heft 5, 2004, S. 36

(11) E-Procurement senkt Beschaffungskosten um bis zu 50 Prozent – Ganzheitlicher Ansatz setzt sich immer stärker durch Mietmodelle locken zur elektronischen Beschaffung
aus Computer Zeitung, Heft 21, 2004, S. 9

(12) Mietsoftwaremodelle sprechen vor allem den Mittelstand an – Unternehmen sollten Entscheidung zur Fremdvergabe gut vorbereiten Auslagerung des Einkaufs senkt Kosten deutlich
aus Computer Zeitung, Heft 14, 2004, S. 13

(13) Kostendrücker
aus Maschinenmarkt Nr. 11 vom 08.03.2004

(14) Sparen auf Bestellung
aus CYBIZ 03 vom 02.04.2004 Seite 046

(15) Organisation: Moeller strafft Beschaffungsprozesse mit Quibiq-Lösung Datenaustausch ohne Brüche

aus Industrieanzeiger, Heft 18, 2004, S. 49

(16) E-Procurement-System spart bei Metabo Provider hostet und pflegt den Katalog
aus Computer Zeitung, Heft 15, 2004, S. 18

(17) Woehrle, Thomas, Ein Prozent weniger gleich zehn Prozent mehr, DVZ, Nr. 043, 15.04.2004
aus Computer Zeitung, Heft 15, 2004, S. 18

(18) Fachmesse für elektronische Beschaffung und Lieferanten-Managment Der Weg nach Nürnberg lohnt sich
aus BA Beschaffung aktuell, Heft 5, 2004, S. 60

# Impressum

## Desktop-Purchasing (Einkauf über elektronische Kataloge)

### Bibliografische Information der deutschen Nationalbibliothek

Die Deutsche Nationalbibliothek verzeichnet diese Publikation in der deutschen Nationalbibliografie; detaillierte bibliografische Daten sind im Internet über http://dnb.d-nb.de abrufbar.

ISBN: 978-3-7379-1037-8

© 2015 GBI-Genios Deutsche Wirtschaftsdatenbank GmbH, Freischützstraße 96, 81927 München, www.genios.de

Alle Rechte vorbehalten. Dieses Werk ist einschließlich aller seiner Teile – z.B. Texte, Tabellen und Grafiken - urheberrechtlich geschützt. Jede Verwertung außerhalb der Grenzen des Urheberrechtsgesetzes bedarf der vorherigen Zustimmung des Verlags. Dies gilt insbesondere auch für auszugsweise Nachdrucke, fotomechanische Vervielfältigungen (Fotokopie/Mikroskopie), Übersetzungen, Auswertungen durch Datenbanken oder ähnliche Einrichtungen und die Einspeicherung und Verarbeitung in elektronischen Systemen.